AF363907

DISCUSSION
DU PROJET
DE CODE CIVIL.

N.º 1.

SÉANCE du 4 Thermidor, an 9 de la République.

LE PREMIER CONSUL préside la séance.

Les CC. TRONCHET, BIGOT-PRÉAMENEU et MALEVILLE, qui, avec le C. PORTALIS, ont été chargés de rédiger le Projet de code civil, sont introduits.

Le C. PORTALIS, au nom de la section de législation, dit que la section, d'après le renvoi qui lui a été fait dans la dernière séance, s'est occupée de diviser le premier livre du Code civil en autant de projets de lois que les matières qu'il renferme peuvent en comporter, et qu'elle l'a partagé en neuf projets ainsi qu'il suit :

1.er PROJET. *Des Personnes qui jouissent des droits civils, et de celles qui n'en jouissent pas.*

2.e PROJET. *Des Actes destinés à constater l'état civil.*

3.e PROJET. *Du Domicile et de l'Absence.*

4.e PROJET. *Du Mariage.*

5.e PROJET. *Du Divorce.*

6.e PROJET. *De la Paternité, de la Filiation et de l'Adoption.*

7.e PROJET. *De la Puissance paternelle.*

8.e PROJET. *De la Minorité, de la Tutelle et de l'Émancipation.*

9.e PROJET. *De la Majorité et de l'Interdiction.*

A

Le PREMIER CONSUL met en délibération l'ordre proposé.

Le C. TRONCHET ne trouve aucun inconvénient à suivre l'ordre proposé par la section. Cet ordre est conforme; dit il, à la marche naturelle des idées; c'est celui du Projet de code civil.

Le PREMIER CONSUL dit que la division ne peut être bonne qu'autant qu'elle est telle, que le rejet ou la modification des lois postérieurement présentées ne réagit pas sur les lois d'abord adoptées; et n'en change pas la nature.

Le C. PORTALIS pense que, dans l'ordre proposé, cet effet n'est pas à craindre. Le premier projet de loi n'a rien de commun avec les autres. La matière du mariage a sans doute quelque connexité avec celle du divorce; mais les règles sur les capacités et sur les formes du mariage en sont indépendantes. Les causes et les formes du divorce ne sont pas liées aux dispositions sur la puissance paternelle; et ces dernières dispositions ne se rattachent pas à celles qui règlent la matière de la minorité et des tutelles.

Le C. TRONCHET ajoute à ces observations que le Corps législatif ayant depuis long-temps sous les yeux le Projet de code civil, et en connaissant la marche, proposerait ses doutes s'il s'apercevait qu'un des projets de lois dût avoir de l'influence sur le sort des autres.

Le PREMIER CONSUL ne voit que trois grandes divisions dans les lois civiles relatives aux personnes : elles tendent toutes ou à fixer l'état que chacun a dans la société civile, ou à régler les rapports entre les époux, ou à régler ceux qui existent entre les pères et les enfans. Peut-être cette division par masses serait-elle plus simple et plus naturelle que la division proposée.

Le C. PORTALIS dit que l'on peut concilier l'idée du Premier Consul avec le mode de division proposé, en présentant à-la-fois les divers projets relatifs à des matières que l'on regarde comme dépendantes ou connexes.

Le PREMIER CONSUL justifie par un exemple la nécessité de présenter des masses; il prend au hasard les articles I, II et III du titre V.

Il fait observer que ces mots, *le contrat de mariage peut néanmoins être résolu avant la mort de l'un des deux époux, dans les cas ou pour les causes déterminés par la loi*, appellent évidemment la discussion sur le divorce.

Le CONSUL CAMBACÉRÉS est d'avis que les définitions contenues dans ces articles, et les définitions en général ne doivent pas être placées dans les lois : tout ce qui est doctrine appartient à l'enseignement du droit et aux livres des jurisconsultes.

Au surplus, il pense que la discussion deviendrait trop embarrassée si l'on se bornait à ne former du livre Ier que trois grandes divisions ; il importe de mieux ménager les points de repos pour soulager l'attention.

Le C. BOULAY propose de discuter les projets dans l'ordre que leur a donné la section, parce que ce sera la discussion même qui éclairera sur le classement des dispositions ; peut-être convaincra-t-elle qu'il ne faut qu'une loi unique.

Le PREMIER CONSUL dit que la section doit surtout s'attacher à éviter l'arbitraire dans ses divisions, et ne les puiser que dans l'essence des choses ; il la charge de peser les observations qui viennent d'être faites, et de faire un nouveau rapport.

Le C. PORTALIS, d'après le renvoi fait par les Consuls à la section de législation, dans la dernière séance, présente un *projet de loi* extrait du livre préliminaire du Code civil, et *relatif à la publication, aux effets et à l'application des lois en général.*

L'article Ier est ainsi conçu :

« Les lois seront exécutoires dans toute la République,
» quinze jours après la promulgation faite par le Premier
» Consul.

» Ce délai pourra, selon l'exigence des cas, être
» modifié par la loi qui sera l'objet de la publication. »

Le rapporteur dit que, dans le Projet de code civil, on avait distingué les lois en lois administratives, judiciaires et mixtes. Les premières devaient devenir obligatoires du jour où elles auraient été publiées par les autorités administratives ; les secondes, du jour où elles l'auraient été par les tribunaux d'appel ; les troisièmes, c'est-à-dire les lois mixtes, devaient l'être, en ce qui pouvait être relatif à la compétence de chaque autorité, du jour de la publication par l'autorité compétente.

Le tribunal de cassation et le tribunal d'appel de Paris adoptent le fond de ce système, et ne proposent que des changemens de rédaction.

La majorité des autres tribunaux regarde ce mode de publication présenté dans le Projet de code, comme insuffisant, contraire aux vrais principes, et sujet aux plus grands abus.

Les uns disent qu'une simple lecture de la loi à l'audience d'un tribunal d'appel, ne saurait autoriser la présomption légale que, dans l'instant même de cette lecture, la loi est connue des tribunaux d'arrondissement, situés souvent à une grande distance des tribunaux d'appel. Ils desireraient que la loi fût publiée par ces tribunaux, qui sont les premiers à l'appliquer et à l'exécuter, et qu'elle ne fût même exécutoire qu'après un certain délai, à dater du jour de cette publication; lequel délai serait mis à profit pour faire afficher la loi, sinon dans toutes les communes, du moins dans toutes celles où il y a un juge de paix. Ils observent que les frais d'impression et d'affiche seront moins onéreux pour le trésor public dans un ordre de choses qui garantit plus de stabilité aux lois; et que d'ailleurs, dans une matière aussi importante, l'intérêt du fisc ne saurait balancer celui des citoyens et de l'État.

Les autres tribunaux, en reconnaissant la nécessité d'adresser les lois à toutes les autorités chargées de leur application ou de leur exécution, et même de les faire connaître à tous les citoyens par la voie de l'affiche, proposent de fixer un délai à dater de la promulgation de la loi par le Premier Consul, après lequel la loi sera au même instant exécutoire dans toute l'étendue de la République.

Les divers systèmes que les observations des tribunaux nous présentent, n'avaient point échappé à la section; elle en avait discuté d'avance les inconvéniens et les avantages.

La publication des lois est une conséquence du principe que les lois ne peuvent être obligatoires avant d'être connues : mais il est impossible de trouver un mode de publication qui ait l'effet d'atteindre personnellement chaque individu; on est réduit à se contenter de la certitude morale que tous les citoyens ont pu connaître la loi.

Pour peser les divers degrés de cette certitude morale, il faut distinguer les lieux et les temps.

Dans l'ancien régime, la loi était secrétement rédigée; on l'adressait ensuite aux cours souveraines. Ces cours pouvaient en refuser ou en suspendre l'enregistrement, et délibérer des remontrances. L'enregistrement étant une forme préalable à l'exécution de la loi, cette exécution ne pouvait avoir lieu qu'après que la loi avait été enregistrée.

Nous devons même faire remarquer que, dans la plupart des anciennes provinces de France, la loi n'était exécutoire que du jour de la publication qui en était faite par les tribunaux inférieurs.

Le système de ceux qui voudraient ne rendre la loi exécutoire que du jour de sa publication par les tribunaux d'appel ou par les tribunaux d'arrondissement, se rapproche de cet ancien ordre de choses.

Mais cet ordre n'existe plus. Dans notre droit actuel, la loi a toute sa force et tous ses caractères avant d'être adressée aux tribunaux et aux diverses autorités compétentes. D'autre part, la loi a déjà acquis le plus haut degré de publicité par les discours des orateurs du Gouvernement, par la discussion du Tribunat, et par celle qui est faite en présence du Corps Législatif. La loi ne peut être promulguée par le Premier Consul, que dix jours après le décret du Corps législatif; et pendant ce délai, la connaissance de la loi continue à circuler dans toute la République.

L'envoi officiel de la loi aux autorités compétentes, n'est donc plus, dans la hiérarchie des pouvoirs, qu'un moyen régulier de rendre la loi plus intimement présente aux différentes parties de l'État, et d'en assurer le dépôt dans tous les lieux où elle doit être obéie.

Cet envoi pouvant être fait par-tout dans un temps déterminé, pourquoi n'adopterait-on pas la proposition de fixer un délai suffisant après lequel la loi serait, au même instant, exécutoire dans toute la France!

Une telle idée, qu'il n'eût pas été possible de réaliser tant qu'il existait des cours qui avaient le droit de refuser ou de suspendre l'enregistrement des lois, ne rencontre aujourd'hui aucun obstacle.

Elle aurait, dit-on, l'inconvénient de retarder l'exécution des lois dans certains départemens, et sur-tout dans ceux où il importe quelquefois le plus que les lois soient promptement exécutées.

En retardant l'exécution des lois, lorsqu'elles sont déjà suffisamment connues, elle pourrait donner lieu, dans le temps intermédiaire, à un grand nombre de fraudes contre ces lois.

Mais on peut répondre que dans les cas rares où il serait essentiel qu'une loi nouvelle fût exécutée sans délai à Paris et dans les départemens environnans, cette loi pourrait le déclarer. Nous y avons pourvu par une disposition particulière.

Quant aux fraudes dont le délai peut devenir l'occasion, on ne les préviendra dans aucun système; car la discussion des lois étant publique, ceux qui veulent consommer des arrangemens auxquels la nouvelle loi s'opposerait, auront toujours le temps et la liberté de le faire avant la promulgation de cette loi.

Ce qui est certain, c'est que l'idée d'établir un délai uniforme après lequel la loi serait exécutoire le même jour dans toute la République, préviendrait cette diversité de jugemens sur les mêmes questions et entre les membres de la même cité, qui est un sujet de scandale, et ces incertitudes locales sur l'époque de l'exécution de la loi, qui sont une grande source de difficultés et de procès.

L'idée d'un délai uniforme aurait encore l'avantage de rendre l'exécution de la loi indépendante de la négligence de l'homme, et de mieux constater le principe que, dans notre droit public, le fait des tribunaux et des autres autorités ne peut plus rien ajouter à la force et au caractère de la loi.

Le rapporteur observe en outre que l'idée d'un délai uniforme dispenserait de recourir à la distinction des lois administratives, des lois judiciaires et des lois mixtes. Par-là on préviendrait tous les doutes, toutes les incertitudes qui pourraient naître, dans tout autre système, de la nécessité de faire cette distinction. De plus, l'unité dans le mode de rendre les lois exécutoires, influerait, plus qu'on ne pense, sur le degré de confiance et de respect que l'on doit à toutes les lois.

Le Premier Consul dit que déjà la Constitution suspend de dix jours la promulgation de la loi : ajouter encore quinze jours à ce terme, ce serait souvent manquer le but que s'est proposé le législateur, sur-tout lorsqu'il a porté des lois répressives, ou d'autres lois dont l'exécution ne peut être différée.

Le **Consul Cambacérés** applique la même objection aux lois civiles. Il en est qu'on pourrait éluder pendant le délai qui s'écoulerait entre le moment où elles seraient décrétées et le moment où elles obligeraient les citoyens.

Le **C. Portalis** répond que, quant aux lois répressives, le remède est dans le projet de loi, puisqu'il accorde la faculté d'abréger le délai général. Ce délai n'existe que pour les cas ordinaires ; c'est l'application du principe que la loi est obligatoire quand elle est probablement connue.

Quant aux lois civiles, l'inconvénient qu'on a relevé subsiste à leur égard dans tous les systèmes : mais il serait peut-être dangereux de le faire cesser par une disposition expresse ; car le délai absolu n'étant que pour les lois de rigueur et non pour les lois favorables, on jugera peut-être prudent de laisser l'application de ce principe à l'arbitrage du juge.

Le **Premier Consul** dit que la section paraît s'écarter de ses propres principes, lorsque, contre les dispositions du droit romain et l'opinion unanime des jurisconsultes, elle admet que la loi ne sera pas obligatoire aussitôt qu'elle sera connue.

Le **C. Boulay** objecte qu'il en est ainsi dans le système de la législation actuelle, puisque la loi ne devient exécutoire que du jour où l'envoi qui en est fait a été mentionné sur le registre de l'administration.

Le **C. Rœderer** dit que c'est dans la Constitution qu'on doit chercher la solution de la question.

Elle veut, article 41, que la promulgation soit faite par le Premier Consul.

Or, 1.º la loi est connue aussitôt qu'elle est promulguée : l'enregistrement n'est pas nécessaire à la promulgation ; car la promulgation appartient en entier au Premier Consul ; il ne la partage pas avec un préfet. 2.º L'enregistrement du préfet est un acte occulte qui ne fait pas connaître la loi. 3.º Cet enregistrement n'est pas connu le même jour dans toute l'étendue de la préfecture. Que faut-il donc ajouter à la promulgation pour s'assurer que la loi est connue ! le délai dans lequel la notoriété de la promulgation puisse probablement parvenir à tous les citoyens. C'est ainsi qu'on en use en

Angleterre et en Amérique. Cependant, comme il serait ridicule d'établir un tarif des distances, on pourrait y avoir égard d'une manière plus générale, et dire que nul ne pourra prétendre ignorance de la loi, le jour même de sa promulgation dans le lieu où siége le Gouvernement, et dans un délai gradué sur un nombre déterminé de lieues.

Le C. TRONCHET dit que, dans cette matière, la possibilité résiste à la théorie.

La théorie est que les lois ne sont obligatoires que lorsqu'elles sont connues; mais, dans le fait, on ne peut trouver de formes pour donner connaissance de la loi à chaque citoyen individuellement : la difficulté augmente même par le peu d'empressement que met le commun des hommes à s'instruire des lois; lorsqu'ils ont besoin de les interroger, ils s'adressent aux jurisconsultes. On doit donc chercher un moyen qui fasse connaître les lois à ceux qui veulent s'en instruire. On ne pouvait espérer ce résultat des formes usitées jusqu'à présent ; elles avaient d'ailleurs l'inconvénient de varier, suivant les lieux, les époques où les lois devenaient obligatoires. Dans cet état de choses, le mode proposé par la section paraît le seul possible : il n'est pas sans inconvéniens ; quel autre mode en est exempt! C'est sans doute une grande difficulté que le retard qu'éprouve l'exécution des lois qui commandent et qui défendent; mais le projet y remédie. Quant aux lois facultatives et à celles qui agissent indépendamment de la volonté de l'homme, comme sont les lois qui règlent les successions; le retard, du moment où elles deviennent obligatoires, ne blesse que l'intérêt particulier : mais il sert l'intérêt général, qui veut que les lois deviennent obligatoires par-tout au même moment. Au surplus, ce serait se jeter dans des débats interminables, que de vouloir établir la distinction des lois qui commandent, de celles qui permettent, de celles qui défendent. Il est préférable de choisir, pour rendre la loi obligatoire, l'époque où elle peut être connue de tous. Ce mode cependant ne dispenserait pas d'ordonner, par un réglement, que le ministre de la justice sera tenu d'envoyer la loi aux tribunaux et aux autres autorités dans un temps déterminé. Il faudra aussi mettre quelque différence entre le continent et les colonies, à l'égard du délai général après lequel la loi devra être exécutée.

Le C. BOULAY propose de donner au Gouvernement le droit de fixer l'époque où la loi deviendra obligatoire dans chaque colonie.

Le PREMIER CONSUL dit qu'on pourrait la déclarer exécutoire du jour de son arrivée.

Il demande pourquoi, en général, les lois ne seraient pas réputées exécutoires du jour où elles seraient présentées à l'audience des tribunaux par le commissaire du Gouvernement !

Le C. RŒDERER observe que ce serait faire revivre l'ancienne forme de l'enregistrement.

Le PREMIER CONSUL persiste à penser que ce serait offenser la majesté de la volonté nationale, que de ne rendre la loi obligatoire que vingt-cinq jours après qu'elle est connue.

Le C. BOULAY dit que si l'on datait l'empire de la loi du jour où elle serait présentée par le commissaire du Gouvernement, on laisserait à ce magistrat la faculté d'en différer l'exécution.

Le MINISTRE DE LA JUSTICE dit que la publication de la loi n'est complète que lorsque la loi est physiquement présentée dans le lieu où elle doit être exécut´e ; ainsi l'on ne peut s'empêcher d'avoir égard aux distances. Le meilleur moyen de les prendre pour règle, est de déclarer la loi exécutoire du jour qu'elle est présentée par le commissaire du Gouvernement.

Le CONSUL CAMBACÉRÉS dit que les inconvéniens qu'on croit devoir résulter du mode actuel de publication des lois, ne sont pas jusqu'ici justifiés par des exemples. La seule question que ce mode ait fait naître, est celle de savoir si les tribunaux sont obligés de juger conformément à la loi avant de l'avoir reçue. Le changement qu'on propose d'apporter au mode actuel de publication est donc sans motifs : pourquoi priver celui qui vit dans un département où la loi est connue, de la faculté d'en user !

Le C. REGNIER pense que les Français étant égaux en droits, ils doivent tous être soumis au même moment à l'empire de la loi, quelle qu'elle soit, rigoureuse ou favorable.

Le **Premier Consul** dit que le principe de l'égalité des droits est respecté, lorsque tous les Français sont également soumis à la loi au moment où elle arrive dans le lieu qu'ils habitent.

Le C. **Emmery** dit que l'uniformité du délai prévient les effets de la négligence ou de la malveillance des tribunaux, qui différeraient de publier la loi.

Il ajoute que la promulgation de la loi la rend obligatoire, mais qu'elle ne devient exécutoire que par la publication ; qu'ainsi, si l'on n'adopte le système d'un délai uniforme, on s'expose à faire vivre pendant un temps, sous des règles différentes, des contrées même peu distantes l'une de l'autre.

Le C. **Berlier** convient que ces inconvéniens seraient inévitables, si la loi ne devait devenir obligatoire que par la publication matérielle. Cependant la loi ne pouvant être connue par-tout au même moment, le système que propose le C. *Rœderer*, de régler par les distances le jour où elle devient exécutoire, paraît tout concilier.

Le C. **Tronchet** dit qu'il ne suffit pas, pour que la loi reçoive son exécution, qu'elle soit connue des citoyens ; qu'elle doit encore être dans la main du magistrat, et qu'on ne peut s'en assurer qu'en accordant un délai général.

Le C. **Berlier** réplique que ce délai ne donnerait pas l'assurance que la loi fût parvenue aux tribunaux les plus éloignés, au jour où elle deviendrait obligatoire.

Le **Premier Consul** soutient que le système de la section embarrasserait l'exécution de la loi. Il faudrait sans cesse mettre en délibération l'époque à laquelle la loi deviendrait obligatoire : le délai général ne serait maintenu que pour les grandes lois civiles ; il serait abrogé pour toutes les autres. Il est peu de lois dont l'exécution puisse être différée pendant vingt-cinq jours ; et, lorsqu'elle est très-urgente, il faut que le Gouvernement puisse l'accélérer en envoyant des courriers extraordinaires.

Le **Ministre de la Justice** dit que déjà les tribunaux prononcent conformément au principe que la loi est exécutoire du moment qu'elle est connue, et admettent les actes dans lesquels l'une des parties déclare qu'elle stipule d'après une loi promulguée et non encore envoyée à l'administration. La promulgation, en effet, est la vraie publication de la loi.

Le C. PORTALIS dit que la promulgation complète le caractère de la loi ; que la publication est la conséquence de la promulgation, et a pour objet de faire connaître la loi.

Il ne pense pas au surplus qu'il soit contraire à la majesté de la loi, de la laisser quelque temps sans exécution, lorsque c'est la loi elle-même qui le veut.

Les difficultés qu'entraîne le retard n'existent que pour les lois administratives, parce qu'ordinairement elles sont urgentes.

Le PREMIER CONSUL propose de regarder le chef-lieu de chaque département comme le point de centre où la loi doit être publiée, et de régler le délai à raison d'un jour par vingt lieues, à partir de la ville où la loi est promulguée. Cependant la présomption de la notoriété reposant sur le principe que la loi est obligatoire lorsqu'elle est connue, le Gouvernement, dans des circonstances urgentes, pourrait abréger le délai, en envoyant la loi par des courriers extraordinaires.

Le C. BIGOT-PRÉAMENEU pense que la publication matérielle peut seule donner au Gouvernement l'assurance qu'il a rempli le devoir de faire connaître la loi. Comment d'ailleurs le tribunal de cassation pourrait-il annuller des jugemens où la loi serait blessée, s'il n'a la certitude qu'elle a été connue par les juges ?

Le PREMIER CONSUL met aux voix la question de savoir si les lois ne seront obligatoires qu'après un délai général ; il invite les CC. rédacteurs du Code civil à voter avec les conseillers d'état.

Le CONSEIL rejette la proposition de fixer un délai général et uniforme à l'exécution des lois.

Le PREMIER CONSUL charge la section de présenter un autre projet d'article.

Le C. PORTALIS fait lecture de l'article II, lequel est ainsi conçu :
« La loi ne dispose que pour l'avenir ; elle n'a point » d'effet rétroactif.

» Néanmoins la loi interprétative d'une loi précé-
» dente, aura son effet du jour de la loi qu'elle ex-
» plique, sans préjudice des jugemens rendus en dernier
» ressort, des transactions, décisions arbitrales et autres
» passées en force de chose jugée ».

Il expose que le principe de la non - rétroactivité
des lois ne peut être contesté. Quant aux lois civiles,
l'inconvénient qu'on a relevé existe dans tous les systèmes.

Tous les tribunaux, continue-t-il, approuvent la première partie de l'article; mais la seconde est l'objet de
plusieurs observations.

Le tribunal d'Agen prétend que les lois, même sim-
plement interprétatives ou explicatives, ne doivent point
avoir d'effet rétroactif.

L'opinion de ce tribunal est isolée.

Ceux de Lyon et de Toulouse voudraient que l'on
déterminât les bornes dans lesquelles une loi purement
explicative doit se renfermer.

Le tribunal de Douai observe que *les jugemens en
dernier ressort* ne sont pas les seuls que l'on doive respecter
dans l'application d'une loi interprétative ; que les jugemens de première instance qui ont été acquiescés, ou
dont on n'a point interjeté appel dans le délai de droit,
méritent la même faveur.

L'observation est juste : on pourrait aisément remplir
les vues de ceux qui la font, en ajoutant un mot qui
pût envelopper toutes les *décisions passées en force de
chose jugée*.

Mais il serait plus difficile de déterminer en thèse ce
qu'on doit entendre par une loi purement interprétative.

Il serait peut-être sage de supprimer la seconde
partie de l'article, en laissant les choses dans les termes
du droit commun.

Le C. DEFERMON dit que le principe de la non-
rétroactivité , quoiqu'incontestable , ne doit pas être
réduit en disposition législative, parce qu'il n'établit
qu'un précepte pour les législateurs.

Le C. BOULAY répond qu'il établit aussi un précepte
pour les juges.

Plusieurs membres du Conseil demandent que la seconde
partie de l'article soit retranchée ; ils la regardent comme
inutile.

Le CONSEIL adopte la première partie de l'article, et retranche la seconde.

Le C. PORTALIS fait lecture du III.ᵉ et du IV.ᵉ article, lesquels sont ainsi conçus :

Art. III. « La loi oblige indistinctement ceux qui
» habitent le territoire. L'étranger y est soumis pour les
» biens qu'il y possède, et personnellement en tout ce
» qui intéresse la police pendant sa résidence.

Art. IV. » Le Français résidant en pays étranger,
» continuera d'être soumis aux lois françaises pour ses
» biens situés en France, et pour tout ce qui touche à
» son état et à la capacité de sa personne. »

Après une légère discussion, ces articles sont renvoyés au projet de loi relatif aux personnes qui jouissent des droits civils et à celles qui n'en jouissent pas.

Le C. PORTALIS fait lecture des articles V et VI, lesquels sont ainsi conçus :

Art. V. « La forme des actes est réglée par les lois
» du pays dans lequel ils sont faits ou passés.

Art. VI. » Il est défendu aux juges d'interpréter les
» lois par voie de disposition générale et réglemen-
» taire. »

Ces articles sont adoptés.

Le rapporteur lit l'article VII, lequel est ainsi conçu :
« Le juge qui refusera de juger sous prétexte du
» silence, de l'obscurité ou de l'insuffisance de la loi,
» se rendra coupable de déni de justice. »

Il observe que cet article a pour objet d'empêcher les juges de suspendre ou de différer arbitrairement leurs décisions par des référés au législateur.

L'article est adopté.

Le C. PORTALIS lit l'article VIII, lequel est ainsi conçu :

« Lorsque, par la crainte de quelque fraude, la loi
» aura déclaré nuls certains actes, ses dispositions ne
» pourront être éludées sous prétexte que ces actes ne
» sont pas frauduleux. »

Le C. DEFERMON objecte que l'article suppose que la loi pourra déclarer nuls des actes non frauduleux.

Le C. PORTALIS répond que la loi ne pouvant entrer

dans l'examen de chaque acte, est obligée, dans certains cas, de statuer d'après une présomption générale de fraude. Il cite pour exemple la déclaration de 1712, qui déclare nuls les transports faits dans les douze jours avant la faillite.

L'article est adopté, avec la substitution du mot *présomption* au mot *crainte*.

Le C. PORTALIS fait lecture de l'article IX, lequel est ainsi conçu :

« La contravention aux lois qui intéressent le public » ou les bonnes mœurs, ne pourra être couverte par des » conventions ni par des fins de non-recevoir. »

Le C. RŒDERER demande que l'effet de l'article soit réduit à la vindicte publique.

Le C. BOULAY propose la rédaction suivante :

« Il ne peut être dérogé par des actes particuliers, » aux lois qui intéressent l'ordre public et les bonnes » mœurs. »

Cette rédaction est adoptée.

Le PREMIER CONSUL annonce que la discussion du Code civil aura lieu les quatre et six de chaque décade.

La Séance est levée.

À PARIS, DE L'IMPRIMERIE DE LA RÉPUBLIQUE.
Vendémiaire an X.